돈이 왜 필요할까?

LITTLE BOOK, BIG IDEA: BOOK 1. WHAT IS MONEY?
ⓒ What is money? 2022
Korean translation rightsⓒ 2023 Bom-majung
Korean translation rights are arranged with Noodle Juice Ltd through AMO Agency, Korea
All rights reserved

이 책의 한국어판 저작권은 AMO 에이전시를 통해 저작권자와 독점 계약한 봄마중에 있습니다.
저작권법에 의해 한국 내에서 보호를 받는 저작물이므로 무단 전재와 무단 복제를 금합니다.

질문 많은 어린이를 위한 생각 수업

돈이 왜 필요할까?

사라 월든 지음 | 케이티 루스 그림 | 이채이 옮김 | 김진 도움글

봄마중

차례

우리는 음식이나 옷이나 먹을 것을
사기 위해 돈을 사용해요.
여러분은 돈에 대해서 얼마나 알고 있나요?

돈은 어디에서 왔을까요? • 6

돈은 누가 가장 먼저 사용했을까요? • 8

돈은 어디에 사용될까요? • 10

돈은 좋은 것일까요? • 16

돈은 전 세계 어디에서나 똑같을까요? • 12

누가 돈을 관리할까요? • 14

돈은 어디에서 왔을까요?

먼 옛날, 사람들은 곡식이나 코끼리 같은 물건을 서로 교환했어요. 이것을 '물물교환'이라고 해요.

하지만 코끼리는 무거워 옮기기 힘들었고, 곡식은 썩을 수 있었어요.

그래서 사람들은 귀중하지만 가지고 다니기 쉽고 썩지 않는 향신료와 장신구로 거래하기 시작했지요.

시간이 흐른 다음에는 조개껍데기 같은 것으로 교환했어요.

사람들은 하나의 조개껍데기가 다른 조개껍데기들과 같은 가치를 가진다고 믿게 되었어요.

그 후 귀중한 금속으로 만든 동전이 조개껍데기를 대신했지요. 동전은 무게를 잴 수 있었기 때문에 누구나 가치가 같다는 것을 알 수 있었어요.

좀 더 시간이 흐르면서 무거운 동전 대신 종이돈(지폐)이 중국과 유럽에서 만들어졌어요.

오늘날에는 대부분의 돈이 은행 계좌에 보관되어 있답니다.

돈은 누가 가장 먼저 사용했을까요?

금속을 돈으로 처음 사용한 것은 약 5000년 전 바빌로니아 사람들이었어요. 바빌로니아 사람들은 오늘날 이라크에 위치한 '바빌론'이라는 도시에 살았어요. 바빌론은 작은 어촌 마을에서 시작해 큰 무역 도시로 성장했어요.

처음으로 금속 동전을 사용한 사람은 리디아의 크로이소스 왕이었어요. 동전은 콩처럼 생겼고 은과 금을 섞어 만들었지요.

돈은 어디에 사용될까요?

음식이나 옷 같은 물건들을 사기 위해

사람들에게 일한 만큼 돈을 주기 위해

집을 사기 위해

여행을 떠나기 위해

선물이나 사탕을 사기 위해

영화나 공연 입장권을 사기 위해 혹은 미용실에 가서 머리를 자르기 위해 돈을 사용해요.

어떤 사람들은 집을 사거나 사업을 시작하는 사람에게 돈을 빌려 주지요.

어떤 사람들은 미래를 위해 저축하고

어떤 사람들은 기부하기도 해요.

돈은 전 세계 어디에서나 똑같을까요?

나라마다 돈의 종류가 달라요.
이것을 '통화'라고 해요.

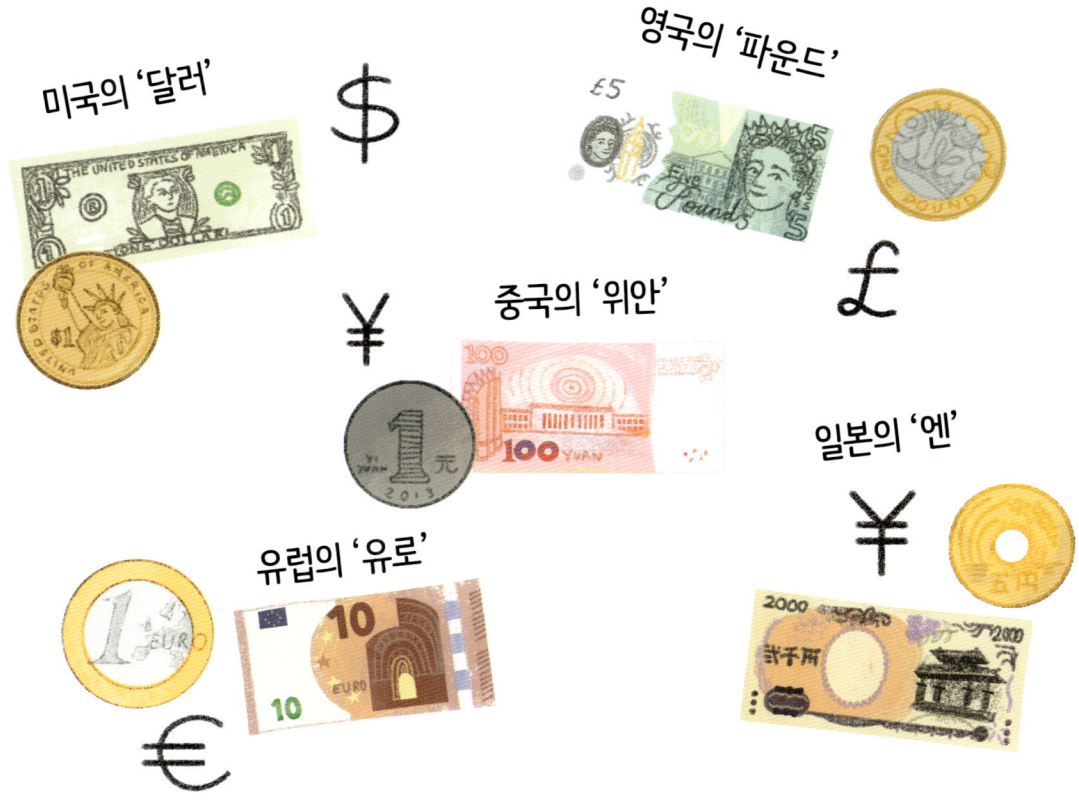

세계에는 수많은 종류의 돈이 있지만 그 돈의 가치는 다 달라요.

내가 가진 돈을 다른 나라의 돈의 가치로 계산하려면 '환율'을 사용해요.
환율은 매일 바뀔 수 있어요. 오늘은 1달러가 우리나라 돈으로
1,280원이지만 내일은 더 오르거나 내릴 수 있지요.

가지고 있는 통화에
환율을 곱해 보면
다른 나라의 통화로 얼마나
가지고 있는지를 알 수 있어요.

우리나라에서는 지폐와 동전을
'한국조폐공사'에서 만들어요.

온라인으로 은행을 이용하는 사람들이 늘어나면서,
전 세계로 돈을 쉽게 보낼 수 있어요.

누가 돈을 관리할까요?

회사나 사람들은 돈을 은행에 보관해요.
은행은 돈을 안전하게 보관해 주고 불려 주기도 하니까요.

정부는 나라의 돈을 관리해요. 그리고 교육, 의료, 교통에 어느 정도의 돈을 사용할지 결정하지요.

한국은행과 같은 중앙은행은 '인플레이션'을 관리하기 위해 '금리(이자)'를 정해요.

인플레이션이란 음식값이나 물건값이
사람들이 버는 것보다 더 빨리 올라,
쓸 수 있는 돈이 줄어드는 것을 말해요.

은행은 저금한 사람들에게 이자를 더해서 돌려줘요.
대신 은행은 저금된 돈을 여러 회사 등에
빌려주고 이자를 받지요.

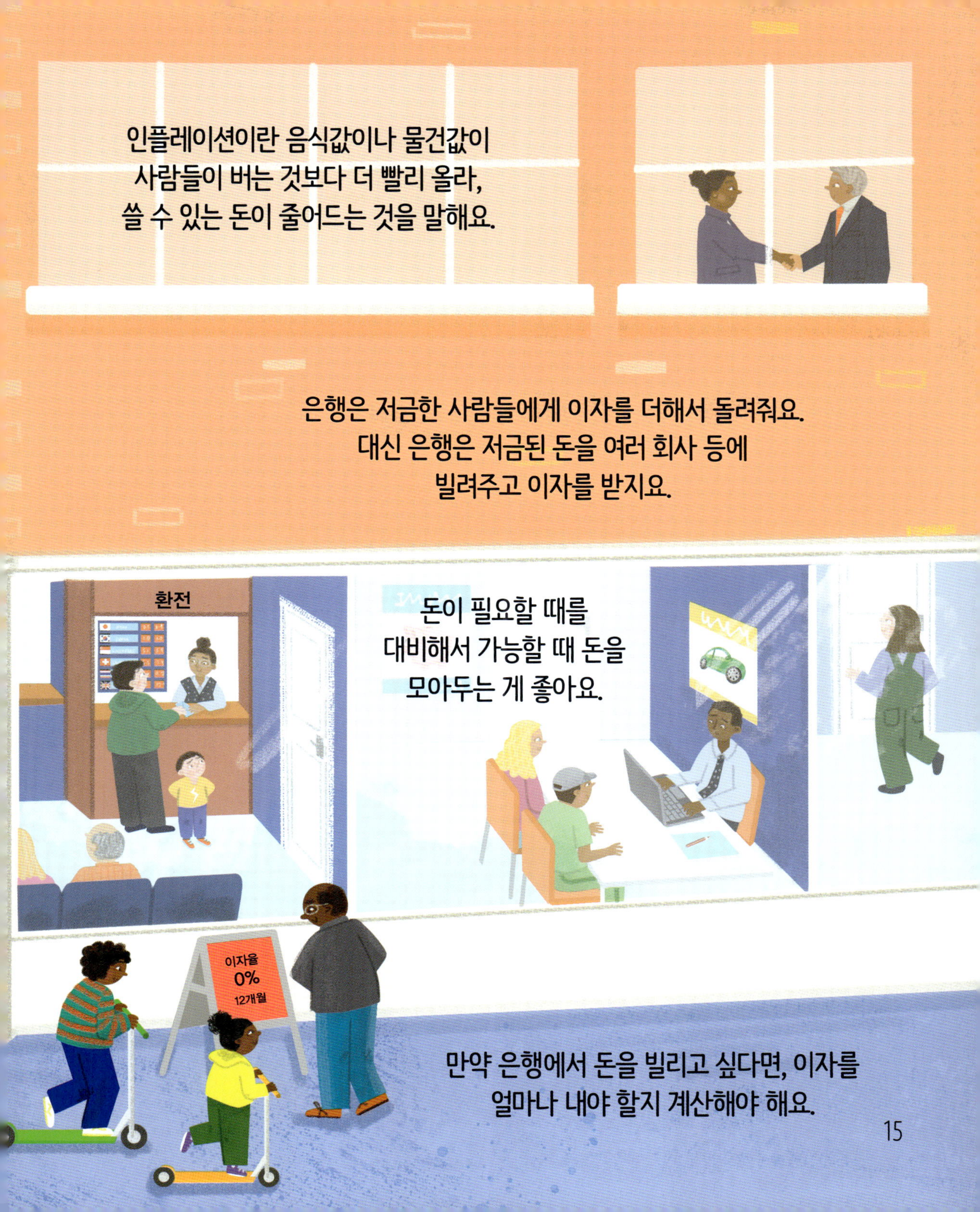

돈이 필요할 때를
대비해서 가능할 때 돈을
모아두는 게 좋아요.

만약 은행에서 돈을 빌리고 싶다면, 이자를
얼마나 내야 할지 계산해야 해요.

돈은 좋은 것일까요?

충분한 돈을 갖고 있으면 먹고 싶은 음식과 옷을 살 수 있어요.
집을 사거나 교육을 받을 수도 있지요.
다른 사람을 돕는 데 돈을 쓰는 사람도 있어요.
그들을 자선가라고 불러요.

자선가들은 의학이나 과학 연구를 지원하고

예술과 문화를 위해서도 지원하지요.

많은 사람들이 돈이 없거나 어려움에 처한 사람을 돕는 자선단체에 기부해요.

하지만 자기만을 위해서 많은 돈을 갖고 싶은, 욕심 많은 사람이라면
다른 사람을 해치는 결정을 내릴 수도 있어요.

**건축하는 사람이라면 돈을
아끼기 위해 안전하지 않은
싼 자재를 사용할지도 몰라요.**

**정치를 하는 사람이라면
자신에게 돈을 준 사람의
이득을 위해
움직일지도 모르고요.
이것은 '뇌물'이고
불법이에요.**

돈 자체가 좋거나 나쁜 게 아니에요.
돈을 어떻게 사용하느냐가 차이를 만들지요.

돈은 어떻게 늘어날까요?

돈은 나무에서 자라지는 않지만,
늘어날 수 있어요.

가지고 있는 돈으로
예쁜 컵케이크처럼
비싼 값에 팔 수 있는
것을 만들 수도 있고

손님 많은 빵집처럼
장사가 잘 되는 사업에
투자할 수도 있죠.

그리고 저금을 하면 이자가 붙어
돈은 더 불어나요.

더 많은 가치를 얻고 싶으면
돈이 나를 위해 더 열심히
일하게 만들면 되어요.

밀가루 2봉지가 아니라
10봉지를 사면
더 싸게 살 수 있고

잘 협상하거나 흥정해서 가격을 낮출 수 있는 경우도 많아요.
그러면 컵케이크에 뿌릴 설탕가루를 위한 돈을 남길 수도 있어요.

사람들은 어떻게 돈을 벌까요?

돈을 버는 첫 번째 방법은 우리의 시간과 노력을 '임금' 또는 '급여'라고 불리는 돈과 바꾸는 거예요.

누군가의 시간과 노력은 다른 사람들보다 더 높은 가치가 매겨지기도 해요.

주로 교육을 많이 받은 사람일수록 더 많은 돈을 벌어요.

두 번째 방법은 다른 사람이 돈을 내어 살 만한 것을 만드는 거예요.
맛있는 음식과 아름다운 예술품을 만들어서 돈을 벌 수 있어요.

혹은 노래나 연극처럼 사람들이 돈을 내고
볼 만한 공연을 할 수도 있지요.

세금이 뭐예요?

세금은 교육이나 교통, 쓰레기 수거, 의료 등에 사용하기 위해 나라가 국민에게 거두는 돈이에요.

세금은 크게 세 가지가 있어요.

'소득세'는 사람들이 번 돈의 일부를
나라에 내는 거예요.
돈을 많이 벌수록 많이 내지요.

'재산세'도 있어요.
가지고 있는 재산에 대해
나라에 내는 돈이에요.

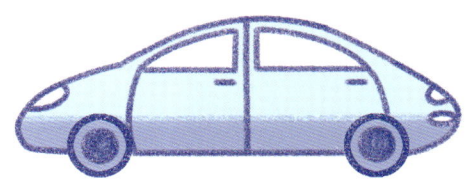

휘발유와 옷과 같은 물건뿐 아니라
서비스 가격에도 세금이 있어요.
'부가가치세'라고 해요.
어떤 나라에서는 음식이나 책 같은
특별한 상품에는 세금을 붙이지 않아요.

누가 돈을 연구하나요?

'회계사'는 돈과 관련된 정보를 연구하고 파악해요. 어떻게 돈을 사용하고 어떻게 투자할지 선택할 때 도움이 되는 정보를 주지요.

'세무사'는 사람들이 정확하게 세금을 낼 수 있도록 도와줘요. 세금에 관련된 법은 복잡하거든요.

'재정 자문가'는 사람들이 가진 돈을 가장 잘 쓸 수 있게 도와줘요. 빚을 진 사람들을 도와주기도 하고요.

'경제학자'는 나라나 지역 사회가 어떻게 돈을 쓰고 관리해야 하는지 연구해요.

돈이 문제를 일으키기도 하나요?

돈이 부족하면 사람들에게
좋지 않은 영향을 미칠 수 있어요.

충분한 음식과 옷을 살 수 없으면
살기 어려우니까요.
집을 따뜻하게 할 수도 없고요.

돈 문제를 걱정하는 것은
몸과 마음을 힘들게 해요.

돈에 집착하고 자신이 가진 것보다 더 많은 것을
원하면 옳지 못한 행동으로 이어질 수 있어요.

뇌물 같은 옳지 않은 일을 하도록 유혹하는 사람들
때문에 나쁜 길로 빠지게 될 수도 있어요.

'돈이 모든 악의 원인이다'라는 것은 잘못된 말이에요.
오히려 돈에 대한 집착이 모든 악의 원인이에요.
문제를 일으키는 건 돈이 아니라,
사람들이 돈을 사용하는 방법 때문이지요!

돈의 미래는 어떻게 될까요?

지난 5000년 동안 있어 왔던 지폐와 동전은
이제 사용되지 않을지도 몰라요.

모바일 페이와 디지털 쇼핑이
늘어나고 있으니까요.
기술의 발전으로 이미 점원에게
돈을 내지 않고 물건을 살 수 있는
가게들이 있어요.

우리가 물건을 선택하면 은행 계좌에서
자동으로 돈이 빠져나가지요.

다양한 종류의 화폐가 생겨날 수도 있어요.

여러 나라에서 '기본 소득' 제도가 실험적으로 이루어지고 있어요.

기본 소득 제도는 일하는 사람이든 일을 하지 않는 사람이든 모두 나라에서 일정한 돈을 받는 제도예요

기본 소득 제도를 도입하면 사람들이 돈에 대한 걱정없이 필요한 것을 살 수 있어서, 경제가 계속 움직일 수 있지요.

이제, 돈이 무엇인지 알겠나요?

돈이 있으면 우리는 필요한 것을 살 수 있어요.
돈은 세상을 움직여요.

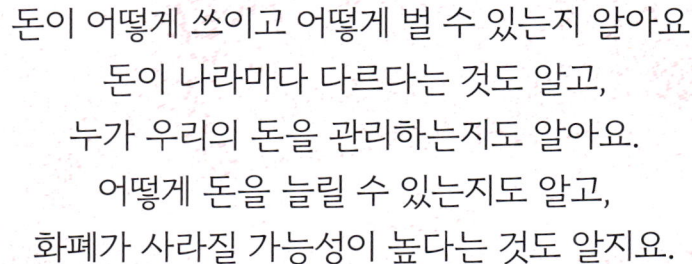

돈이 어떻게 쓰이고 어떻게 벌 수 있는지 알아요.
돈이 나라마다 다르다는 것도 알고,
누가 우리의 돈을 관리하는지도 알아요.
어떻게 돈을 늘릴 수 있는지도 알고,
화폐가 사라질 가능성이 높다는 것도 알지요.

하지만 돈이 주는 좋은 점과 나쁜 점은 결국
사람들의 태도에 달려 있다는 것을 알아요.
우리가 세상을 더 나은 곳으로 만들고 싶다면,
돈이 우리를 위해 더 열심히 일하게 만드는 방법을 알아야 해요.

여러분은 돈을 어떻게 사용하고
싶은지 생각해 보세요.

이 책을 읽고 경제학자와 함께 이야기해 봐요

돈은 편리해요

돈이 없으면 매우 불편해요. 버스나 지하철을 탈 때 돈 대신 공책이나 머리핀을 낼 수는 없잖아요. 우리는 무언가를 사거나 이용하려면 돈을 지불해야 해요.

옛날에는 물건과 물건을 교환했지만 지금은 내 물건을 팔 때나 다른 사람의 물건을 살 때 물건의 값어치에 상응하는 '돈'을 지불하면 되므로 편리해요. 만약 지금도 물물교환을 한다면 내가 대신 주는 물건이 상대방에게 필요한 것이어야 하고 둘 사이의 값어치도 같아야겠죠. 그래서 돈을 사용하면 간편하고 편리해요.

돈은 사회적 약속이에요. 우리는 지금도 금으로, 종이 화폐로 또는 카드

와 같은 신용화폐로, 다양하게 편리한 방식으로 돈을 사용해요. 비록 동전이나 지폐 같은 화폐의 모양은 변할지 모르지만, 미래에도 사람들은 쉽게 사용할 수 있는 약속 수단을 돈으로 이용할 거예요.

돈은 조심해야 해요

돈이 편리한 만큼 그리고 누구나 사용할 수 있는 만큼, 돈은 조심해야 해요. 누가 내 돈을 훔쳐 사용하는 것을 방지하지 않으면 큰 손해를 입게 되기 때문에 잘 보관해야 하지요.

돈의 가치는 일정하지 않아요. 사회에 돈의 양이 늘어나면 돈의 가치가 떨어질 수 있거든요. 그러면 작년에 500원에 산 공책을 올해는 600원을 내야 살 수 있지요. 이러한 현상을 인플레이션이라고 해요. 역사적으로 살펴보면 인플레이션은 항상 주기적으로 생겨요. 몇 년에 한 번씩 반복적으로 나타난다는 말이지요. 그래서 사회 전체적으로 돈의 전체 양이 너무 많거나 너무 부족하지 않도록 잘 조절해야 해요.

 ## 돈은 잘 관리해야 해요

　돈이 편리하고 중요한 만큼 잘 관리해야 해요. 그러려면 우선 자신의 씀씀이가 너무 많은 건 아닌지 살펴볼 필요가 있어요.

　돈이 부족하면 빌려서 사용할 수는 있지만 내 것이 아니기 때문에 나중에 반드시 갚아야 해요. 만약 빌린 돈을 계속 갚지 못하면 신용불량자가 될 수 있고 누군가에게 피해를 주게 되니까 되도록 돈을 빌리지 않는 게 좋아요. 만약 돈을 빌리게 된다면 꼭 제때에 갚도록 해야 해요.

　내 씀씀이보다 수입이 많을 때는 저축이나 투자를 해서 수익을 내고 내 씀씀이에 비해 수입이 적을 때는 절약해야 하지요. 이처럼 돈 관리는 평생에 걸쳐서 해야 하는 일이기 때문에 어릴 때부터 습관을 갖는 것이 좋아요.

돈은 잘 알아야 해요

　돈을 은행에 저축하면 이자가 붙기는 하지만 원하는 만큼 돈을 불릴 수는 없어요. 하지만 투자는 원금을 잃을 위험도 있지요. 돈을 잘 사용하거나 관리하기 위해서는 돈의 속성에 대해 잘 알아야 해요. 그러려면 금융지식이 필요하지요. 이자율이나 환율, 세금 같은 것부터 공부해야 해요.

　그리고 무조건 많은 돈을 갖고 싶은 유혹을 이기고 돈에 굴복하지 않도록 지혜도 필요해요. 돈은 그냥 얻어지는 것이 아니라 그만큼의 수고로움이 있어야 한다는 것과, 돈을 잘 관리해야 하고 사회의 전체 돈의 양도 잘 조절해야 한다는 걸 잊지 말아야겠지요.

　앞으로도 돈에 대해 더 잘 알 수 있도록 노력해 보세요.

글쓴이 사라 월든 Sarah Walden
뉴캐슬 대학교에서 영문학을 전공하고, 워릭 대학교에서 아동문학 석사 학위를 받았어요. 영국 펭귄 랜덤 하우스 출판사 등에서 오랫동안 일하며 우수한 콘텐츠를 만들고, 파는 일을 했지요. 지금은 Noodle Juice Ltd의 창립자이자 전무이사로 일하고 있어요.

그린이 케이티 루스 Katie Rewse
영국 본머스 대학과 대학원에서 일러스트레이션을 공부하고 어린이책 일러스트레이터로 일하고 있어요. 2020년에는 AOI 월드 일러스트레이션 어워드의 최종 후보에 올랐으며, 2021년에는 그림을 그린 《Climate Action》이 블루 피터 북 어워드의 최종 후보에 올랐고 워터스톤의 이달의 어린이 도서 중 하나로 선정되기도 했어요. 여행이나 모험을 좋아해서 그림을 그리지 않을 때는 가족과 함께 캠핑카를 타고 바닷가를 탐험해요.

도움글 김진
서울대학교 경제학과에서 학사와 석사를 마치고 공군사관학교 경제경영학과 전임교원으로 경제학을 가르쳤어요. 미국 미네소타 대학에서 경제학 박사학위를 받고 한국조세재정연구원에서 일했어요. 지금은 동덕여자대학교 경제학과 교수로 학생들을 가르치고 있어요.

질문 많은 어린이를 위한 생각 수업
돈이 왜 필요할까?

초판 1쇄 발행 2023. 8. 30.

글쓴이	사라 월든
그린이	케이티 루스
옮긴이	이채이
발행인	이상용
발행처	봄마중
출판등록	제2022-000024호
주소	경기도 파주시 회동길 363-15
대표전화	031-955-6031
팩스	031-955-6036
전자우편	bom-majung@naver.com

ISBN 979-11-92595-24-5 74300
       979-11-92595-23-8 74080(세트)

값은 뒤표지에 있습니다.
잘못된 책은 구입하신 서점에서 바꾸어 드립니다.
본 도서에 대한 문의사항은 이메일을 통해 주십시오.

봄마중은 청아출판사의 청소년·아동 브랜드입니다.